चंद दिनों का सफ़र

नेहा यादव

Copyright © Neha Yadav
All Rights Reserved.

This book has been self-published with all reasonable efforts taken to make the material error-free by the author. No part of this book shall be used, reproduced in any manner whatsoever without written permission from the author, except in the case of brief quotations embodied in critical articles and reviews.

The Author of this book is solely responsible and liable for its content including but not limited to the views, representations, descriptions, statements, information, opinions and references ["Content"]. The Content of this book shall not constitute or be construed or deemed to reflect the opinion or expression of the Publisher or Editor. Neither the Publisher nor Editor endorse or approve the Content of this book or guarantee the reliability, accuracy or completeness of the Content published herein and do not make any representations or warranties of any kind, express or implied, including but not limited to the implied warranties of merchantability, fitness for a particular purpose. The Publisher and Editor shall not be liable whatsoever for any errors, omissions, whether such errors or omissions result from negligence, accident, or any other cause or claims for loss or damages of any kind, including without limitation, indirect or consequential loss or damage arising out of use, inability to use, or about the reliability, accuracy or sufficiency of the information contained in this book.

Made with ♥ on the Notion Press Platform
www.notionpress.com

लिखूं समर्पण तो क्या लिखूं
ये समर्पण है क्या
दिल से पूछती हूं तो
आवाज आती है ये प्रयास है मेरे माता - पिता का मुझे सफल
बनाने का, मेरा छोटा भाई जिसमें थी काबिलियत हर वक्त
साथ निभाने की, है आज भी मेरे प्रेरणाओं में जो साथ मेरे इस
सफ़र को सफ़र बनाने में
दिल कहता है उनके कदमों में धन्यवाद लिखूं।
मैं उनको प्रणाम लिखूं।।

क्रम-सूची

क्रम-सूची

क्रम-सूची

क्रम-सूची

आप सबके अहसास
मेरी डायरी के पन्नों के साथ

1. हमसफ़र

"जिस दिन तेरे साथ मेरे जिंदगी की शुरूवात हो गई
ऐसा लगा ज़िंदगी भर की बात हो गई
जिस दिन पता चली तेरी फितरत हमारी तो जिंदगी ही
निराश हो गई"
हम सभी जीवन की शुरूआत एक इंसान को हमसफर
बनाकर
उसे जीवन साथी मानकर चलने लगते हैं तो लगता है
जिंदगी आसान हो गई है
जिंदगी की नई शुरुआत हो गई है
पल-पल उसकी यादों का बातों का सफर खत्म नहीं होता
जिंदगी आसान हो जाती है उसके सामने खुली किताब हो
जाती है
मीलों का सफर कब खत्म हो जाता है पता ही नहीं चलता
वक़्त कमबख्त कैसे पल भर में गुजर जाता है समझ नहीं
आता
इस छोटे से दिल में आशिक का घर बन जाता है
और एक दिन यह सफर खत्म हो जाता हैं ।।

2. अंत की शुरुआत "या" सुहाना सफ़र

निहारिका और अनीश एक दूसरे के लिए एकदम अजनबी थे, पहली बार काम के सिलसले मे उनकी बात हुई काम की जिम्मेदारी थी तो समझने समझाने में बात बढ़ी। पहले दिन की बात में एक-दूसरे के बारे में जानने की शुरुआत तो हो गई थी। निहारिका कभी किसी से बात नहीं करती थी उसका कोई खास दोस्त नही था पर अनीश के साथ उसे एक जुड़ाव महसूस होता था। बात बढ़ती गई, दोस्ती गहरी होती गई, निहारिका एक-एक बात जाकर अनीश को बताती और उसे मानो जैसे उसकी आदत हो गई थी।काम से ज्यादा एक-दूसरे की बातें होती थी। ये एक नई शुरुवात थी।

3. "अंजान" से इश्क़ में "जान" तक का सफ़र

"तू अनजान था जो जाना पहचाना ख्वाब बन गया

तू ही मेरी जिंदगी की हर सुबह हर शाम बन गया

जिसे मैं मर कर भी हासिल करना चाहूं तू वो मुकाम बन गया

तू अनजान था तू हमारी ही पहचान बन गया

जिसे दिन रात सोचूं तू वो मेरा इश्क मेरी जान बन गया"

4. इश्क़ की तरफ बढ़ते क़दम

अनीश को अपने प्रेज़ेंटेशन के लिए उसके होमटाउन जाना था, तब वह दोनों फाइल के सिलसिले में पहली बार कुछ पलों के लिए मिले, ये पहली बार था जब दोनो ने एक दूसरे को देखा था। काम खत्म हो गया था पर उन दोनों का सफर यहां खत्म नही होता, ये तो एक नई शुरूवात थी उस रिश्ते की जो उन दोनों के बीच जुड़ गया था। अनीश घर पहुंचने से पहले ही निहारिका को अपने दिल की बात बताता है पर निहारिका जल्दबाजी में कोई फैसला नहीं लेना चाहती थी. इस बात के बाद समय बीता, पर बातें बंद न थी दिनों इन दिनों मानो कुछ हुआ ही न हो.अनीश अपना काम खत्म कर वापस शहर आ चुका था। निहारिका दोस्ती से मोहब्बत की देहलीज तो पहले ही पार कर चुकी थी पर अब उसको कोई संकोच भी न था इतना समय काफी था जैसे अपनी चिंता अपनी झिझक दूर कर अनीश की हो जाने के लिए, निहारिका अपना दिल हार चुकी थी।

5. तुम्हें देखा तो शायरी याद आ गई

"यूं शायर हम तो ना थे,
लेकिन तुम्हें देखकर हमें शायरी आ गई।
यूं मिले ना थे हम कभी खुद से,
मगर तुम्हें देखा तो खुद से रूबरू होने की ख्वाहिश आ
गई।
यूं तो जानी ना थी कभी दिल की बातें,
मगर तुमसे बात की तो वो भी समझ आ गईं।
यूं जवाब तो हर सवाल का अलग-अलग होता है,
पर तुम्हारी हर बात पर एक ही जवाब सुनने की आदत ने
मुझे एक ही जवाब देना सिखा गई।
यूं तो देखी ना थी ऐसी दोस्ती कहीं ,
तुम्हारी दोस्ती ये भी सिखला गई ।
यूं आता ना था कभी किसी से बातें छुपाना,
तुम्हारी बातें ये भी सिखा गई।
लिखने को तो बहुत है पर तुम्हें देखा तो शायरी याद आ
गई।"

6. तूफ़ान

हाय ऐ इश्क़!!

निहारिका जैसे ही अपने दिल की बात अनीश को बताना चाहती थी अनीश उसे रोककर कहता है, मैं दीक्षा को अपने दिल की बात बताना चाहता हूं। यह तो होना ही था आखिर वक्त अच्छे-अच्छे को बदल देता है।

आजकल का प्यार है ही ऐसा कब- किस से हो जाए कोई बता नहीं सकता.... व्यापार हो गया है जैसे... यही सोच रहे है न आप?

अरे ये क्या हुआ यह इश्क़ की शुरुआत थी या अंत?

7. टूटता हुआ सपनों का महल

"कतरा कतरा जोड़ के समन्दर सजाया था

उस समंदर के पास यादों का एक सुंदर सा घर बनाया था

छोटे-छोटे हंसी के पलों से सपनों का सुंदर महल बनाया था

हमेशा के लिए तुम्हें अपने दिल में बसाया था

भूल गए थे हम, हमने घर भी तो समंदर के किनारे बनाया था

समंदर के किनारे महल भी तो रेत का घरौंदा कहलाया था

और ये तो तब हुआ, जब तुम्हारी जिंदगी में कोई और आया था।"

8. रिश्ते में कोई "और"

इसके बाद जैसे बात खत्म सी हो गई। दीक्षा स्कूल के वक्त से अनीश की दोस्त थी या उससे कही ज्यादा थी इस बात से निहारिका अनजान थी उसने तो आज पहली बार उसका नाम सुना था। दीक्षा और अनीश की नजदीकियों ने जैसे निहारिका का दिल तोड़ दिया था।

9. इतनी जल्दी ऐसे बदलना मौसम के लिए भी आसान तो नहीं होता

"यूं रहना चुप आसान नहीं होता
यूं सहना सब आसान तो नहीं होता
यूं सुनना तेरे नए यार के किस्से बर्दास्त तो नहीं होता
यूं ख़ुद को गलत बनाना यूं दिल को समझा के
खुद को बुरा दिखाना आसान तो नहीं होता
यूं कैसे बदला तू इतनी जल्दी ऐसे बदलना
मौसम के लिए भी आसान तो नहीं होता
तुझे कुछ कहना अब आसान तो नहीं होता
यूं कैसे समझाऊं तुझे तू समझने को तैयार भी तो नहीं
होता
यूं चुप रहना भी तो आसान नहीं होता।"

10. धोखा और दुबारा दस्तक

दोनो में तकरार बढ़ते गए, इन टकरारो में बहते जज्बातों के सामने दोनो को जैसे चुपी ने जकड़ लिया हो। लाखो सवालों और भावनाओं के बावजूद एक दूसरे से ऐसे मिलते जैसे सालों से जानते हो एक दुसरे को, मनो पहली बार मिल रहे हो, मानो जैसे सब ठीक है कभी कुछ हुआ ही न हो और सबसे हैरानी की बात ये थी, की फिर एक बार अनीश निहारिका की जिंदगी में आना चाहता था पर निहारिका इस दस्तक से परेशान थी क्युकी ये पहली बार नहीं था जो अनीश उसकी जिंदगी में आना चाहता हो ऐसा पहले भी बहुत बार हो गया था उसे डर था अनीश फिर से उसे छोड़ जाएगा। दीक्षा के आरोपों से लड़ती निहारिका अपने पर अनीश का भरोसा नही होना ये सब देखने के बाद लाज़मी भी था। उसे इस बात का गम नही था की दिक्षा ने उसपर उसके और अनीश के रिश्ते को साजिश करके तोड़ने का आरोप लगाया बल्कि दुख इस बात का था की अनीश उसके साजिश को सच मान रहा था और निहारिका से ऐसे सवाल कर रहा था जो उसके दिल को छलनी कर रहे थे पर शायद साज़िश रची ही बड़ी चालाकी से गई थी पर सच जानने के बाद सवाल जवाब के बाद जाके सब ठिक हुआ और बहुत बातों के बाद काफ़ी सर्तों

को बाद दोनों ने एक दूसरे को मंजूरी दी...जी मंजूरी अपने प्यार की एक नए शुरुआत किन। पर दीक्षा चुप नही होने वाली थी आखिर उसने वो राज़ खोला जिसने निहारिका की जिंदगी बदल दी "उसका और अनीश का रिश्ता अभी कायम नही हुआ था" ये बहुत पुराना था दीक्षा की बातों को सुनकर उसके दिल से तूफान गुजर जाता है। निहारिका के होश उड़ गए थे सवालों का सैलाब मन में लिए अनीश से लड़ती रही। निहारिका को शुरुवात से लेकर अभी बस धोखा ही मिला था ये बात समझती तो वो भी थी पर दिल नही समझता था।

प्यार या खिलवाड़

"एक वक्त पर दो लोगों से प्यार होता है क्या? सच में किसी की जिंदगी से खेलने का खिलवाड़ होता है क्या?"

11. एक नई शुरूवात

अनीश खुद में एक अनसुलझा हुआ किस्सा था पर इतने लड़ाई झगड़े मिलना बिछड़ना बात तकरार के बीच अनीश की आंखों में अपने लिए जज़्बात झलकते देखती निहारिका की आंखे कुछ और नही देख पा रही थी। जो सफर सब कुछ खत्म करने के लिए शुरू किया था दराशल वो तो एक नई शुरूवात थी ।

12. तेरी मेरी दिल्लगी

"तेरी मेरी दिल्लगी होगी कैसी
तेरे साथ मेरी जिंदगी होगी कैसी
जन्नत सा आशियां होगा जहां मैं हूंगी जहां तू होगा
और हमारे इश्क का समन्दर होगा
जिसकी लहरों पर सज़ा हमारा घर होगा।"

13. मैंने मोहब्बत की है तू भी सच्चा इश्क कर ले

"मैं तुझे थोड़ा समझू
तू थोड़ा मुझे समझ ले
मैं तेरी जिंदगी बनू
तू भी मेरे दिल में रह ले
मैंने मोहब्बत की है
तू भी सच्चा इश्क कर ले"

14. हमराही

दोनों की बाते, मुलाकाते तो पहले जैसी ही थी पर लड़ाई की जगह हमराही ने ले ली थी। दोनों एक दुसरे के साथ बहुत खुश थे मिलो का सफर एक साथ ऐसे चल लेते थे जैसे थोड़ी दूर की बात है। रूठना-मानना, मिलना, घूमना, बाते करना, सपने सजना, कसमें -वादे आदत थी उनकी।

15. सिर्फ तुमसे ही तो है मुझे ऐतबार

"सिर्फ तुमसे ये दिल्लग्गी है मेरी।
सिर्फ तुमसे ही ये हसीं है मेरी।।
तुम हो तो ये ज़िंदगी है मेरी ।
सिर्फ तुमसे ही तो ये दिलग्गी है मेरी ।।
कभी न जाना हमे छोड़के।
सिर्फ तुमसे ही तो ये खुशी है मेरी।।
सिर्फ तुमसे ही तो सजी है ये दुनिया मेरी ।
क्योंकि सिर्फ तुमसे ही तो है ये दिल्लगी मेरी ।।
सिर्फ तुमसे ही तो है मेरा ये मेरा संसार ।
सिर्फ तुमसे ही तो है मुझे ऐतबार ।।
क्योंकि सिर्फ तुमसे ही तो है मुझे प्यार........"

16. साज़िश?

शायद सपने कभी पूरे नही होने थे अनीश के एक फैसले ने दोनों की जिंदगी का रुख बदल के रख दिया फिर से उसका वही फैसला आया वो दीक्षा के पास जाना चाहता था...

वो दीक्षा के पास चला गया उसकी तबियत ठीक नहीं है बोल के, सच? या उन दोनों की साज़िश? सोची समझी साजिश?...

17. क्यू की तूने ये बेवफाई

"बेवफा तो तू था
बेवफा तो तू था
पर क्यू की तूने मेरे साथ ये बेवफाई
मेरे होते हुए भी तेरी जिंदगी में कोई और है आई
क्यू की तूने ये बेवफाई
मेरे साथ होते हुए भी तेरे दिल में वो कैसे समाई
क्यू की तूने ये बेवफाई
मेरे होते हुए भी तुझे उसकी याद हर पल आई
क्यू की तूने ये बेवफाई
मैंने तेरी कॉल लॉग में उसकी कॉल भरी हुई पाई
क्यू की तूने मेरे साथ ये बेवफाई
उसके पास गया तो वापस नहीं आ पाऊंगा
बोलकर क्या तूने अपनी फितरत है बताई
क्यूं की तूने ये बेवफाई"

18. तुम हमे प्यारे हो

आप सोच रहे होंगे निहारिका भी तो अनीश की जिंदगी में
तब गई थी जब दीक्षा उसकी जिंदगी में थी...तो शायद
आप गलत है ! निहारिका को अनीश ने बताया था -
अब वो दोनों साथ नहीं है
उनकी पहले जैसी अब बात नहीं नहीं है
अब रिश्ता उनका साथी सा न वो अब एक दूजे के दोस्त
गवारे है
साल हो गया खत्म हुए इस रिश्ते को फिर भी तुम हमे
प्यारे हो ।।

प्यार मोहब्बत शादी की वो कसमें कैसे लोग झूठी खाते है
एक होते हुए जिंदगी में कैसे किसी दूजे को ले आते है

19. टूटे भरोसे

वो सिलसला जो शुरू हुआ था वो खत्म हो गया दोनो के रास्ते अलग-अलग हो गए। टूटे भरोसे और विश्वास के साथ निहारिका अभी भी कहानियों में खुद को और अनीश को ढूंढती है जैसे पहले ढूंढती थी उसे हर कहानी अपनी कहानी लगती है बस फर्क इतना है पहलू बदल गए है।

20. क्यू बिखेर गया तू सारे सपने

निहारिका कुछ समझ नही पाई पर दोनों की बातों में सचाई नही है ये जरूर जानती थी।

"तुझे पहले ही दिल का हाल सुनाया था ना

तुझे पहले ही सब कुछ बताया था ना

तू भी तो कड़कती धूप में मुझसे मिलने आया था ना

तूने बड़े प्यार से सब कुछ समझाया था ना

साथ में जिंदगी भर का सपना सजाया था ना

मैंने तुझे अपनी जिंदगी तूने भी मुझे अपना प्यार बनाया था ना

क्यू बदल गया तू इतना तूने कई राज दिल में दफनाया था ना

किसी और की जिंदगी में जाना है बोलकर तूने मेरी जिंदगी को दफनाया था ना

क्यू बिखेर गया तू सारे सपने

सच बता तेरी जिंदगी में कोई आया था ना

तेरी जिंदगी में कोई आया था ना"

21. अनसुलझी पहेली

उसने आजाद तो कर दिया उसको पर खुद कैद हो गई
झूठ फरेब में बह गई।
अनीश क्यू आया उसकी जिंदगी में जब उसकी जिंदगी में
दीक्षा थी और बार- बार क्यू आना चाहता था।
" जब उसे जाना ही था कसमें वादे झूठे थे उसके क्या
उसका इरादा था।
आंखों में दिखता प्यार क्या सच में साफा था।।
"खुद में इतना उलझा हुआ था की निहारिका की भी
जिंदगी उलझा गया
वो खुद में एक अनसुलझी पहेली था निहारिका की जिंदगी
भी एक पहेली बना गया"

22. लहज़ा

जिसे इतनी फिक्र थी, उसे कोई फर्क नही पड़ने, मैं कुछ
भी नही कर सकता,मेरे दिल में दीक्षा के लिए फीलिंग्स थी
तो क्या करू, हो गई गलती, ये सब कुछ भी नही,लहज़ा
कुछ ऐसे बदला था जिसे सुन के सच कुछ और ही है पता
चलता था।

क्यू आया क्यू गया निहारिका नही जानती पर इतना
जानती है साजिश और दोखा मिला है।

23. दरवाजा खटखटाया क्यू था

वो तिसरा शख्स जब अपना हो जाता है,
और हम पराए, तब वो कहते हैं कि हम उसे भूले नहीं थे,
पर प्यार करने की हमसे ज़िद भी उनकी ही थी।
उसे भुलाया नही तो किसी और को बुलाया क्यू था
उसकी चाहत थी तो दूसरो का दरवाजा खटखटाया क्यू था
उसे भुला ना सका तो तेरी जिन्दगी में कोई और आया
क्यू था
अपनी फरेबी बातो से रुलाया क्यू था
था किसी और का अगर तू तो किसी और को अपना
बनाया क्यू था
जाना था तुझे तो तू आया क्यू था
तू आया क्यू था।।

24. फासला

"कभी सोचा ना था ऐसा फासला भी आएगा

वो सामने होकर भी किसी और का कहलाएगा

वो किसी और का है पल-पल अहसास दिलाएगा

कभी सोचा ना था ऐसा फैसला भी आएगा

वह पल-पल यू रुलाएगा

अपनी बातों से तड़पाएगा

कभी सोचा ना था ऐसा फासला भी आएगा

वो सामने होकर भी किसी और का कहलाएगा

आस-पास होकर भी कही और किसी की जिंदगी

महकाएगा।।"

25. तू छोड़ गया मुझे अपने यादों के साथ..

"सब कुछ बता के
मुझे समझा के
यूं रातों की नींदे उड़ा के
क्यू निकल गया तू इतने आगे
रह गई मैं वही तेरे ख्वाबों में
रह गया हमेशा के लिए तू मेरी यादों में
याद है तेरी हर एक बात
और मैं चाहती थी हमेशा के लिए तेरा साथ
पर तू छोड़ गया मुझे अपने यादों के साथ..."

26. इन्ही बातों के साथ ये चांद दिनों का सफर खत्म हो गया

अब उन दोनो की बाते नही होती क्युकी बातों में अहसान की बू आने लगे तो बात करना बंद कर देना चाहिए| दोनों दुश्मन ना बन सके पर दोस्त भी ना बन पाए।
इन्ही बातों के साथ ये चांद दिनों का सफर खत्म हो गया।।
पर एकतरफा

27. अपनी जिंदगी की किताब क्या लिखूं

"अपनी जिंदगी के बारे में क्या लिखूं
जो खुद को समझ न आए वो किताब क्या लिखूं
जिसका जवाब खुद को ना मिला वो सवाल क्या लिखूं
अपनी जिंदगी के बारे में क्या लिखूं
जो कभी सुलझी नही उन पहेलियों के जवाब क्या लिखूं
जो कभी खुद को समझ ना आए पल-पल बदलते वो
खयाल क्या लिखूं
हर पल रोने से पहले का आगाज़ क्या लिखूं
पल-पल गर्मों में रहने का असरार क्या लिखूं
रिश्ते कैसे मिले उनपर अपने ख्वाब क्या लिखूं
किस्मत मिली है कैसी उसपर अपने हालात क्या लिखूं
ख्वाब नही मायासार उसपर जज़्बात क्या लिखूं
अपने हायात का इज्तिहार क्या लिखूं
अपनी जिंदगी की किताब क्या लिखूं
अपनी जिंदगी के बारे में क्या लिखूं।।"

28. खुदा जाने, इस मंज़र का कभी ख़्वाब क्यों ना देखा

क्या सच में कोई एक वक्त पर दो लोगों के लिए प्रेम अपने दिल में बसा सकता है? या यह कहना सही होगा कि क्या कोई सच में एक को भुलाकर किसी दूसरे में अपनी दुनिया बसा सकता है?

इश्क़ किया तुमसे, नफ़ा-नुकसान ना देखा

सच्चा है या झूठा है तुम्हारा प्यार ना देखा

देखा तुम्हें तो आबाद या बर्बाद ना देखा

खुदा जाने, इस मंज़र का कभी ख़्वाब क्यों ना देखा।

सुनकर ये सब सच तो नहीं लगती, पर मेरी आँखें गवाही देती हैं जब मैं इस कहानी को लिख रही हूँ। मैं देख पा रही हूँ कि आज के जमाने में यह कोई नई बात नहीं है। लोग खेल जाते हैं किसी के भी दिल से, प्यार का ढोंग रचाकर... मानो प्रेम बिकने की वस्तु हो या मन बहलाने का जरिया। क्या कहेंगे आज हम इस चीज़ को, अगर देखें हम प्रेम राधा-श्याम का, सीता और राम का। माना कि हर प्रेमी-प्रेमिका धोखेबाज़ नहीं होते, सब गद्दार नहीं होते, पर उनमें से भी कुछ शादी के लिए तैयार नहीं होते।

इश्क़ सच्चा था मेरा, पर साथ न रहा

चाहा हमेशा जिसे, वो पास न रहा

मेरी बातें, मेरी यादें, मेरा प्यार याद न रहा
ज़िंदा हूँ या मर गई, इसका अहसास न रहा
जिससे चाहा, वो साथ न रहा
ज़िन्दगी देखी, जिसके साथ, वो पास न रहा|

29. दिमाग और दिल की कशमकश में

सच और झूठ के बीच की रेखा बहुत पतली होती है,
पहचानना मुश्किल है। पर जिसने पहचान लिया, वह
भविष्य में होने वाले धोखे, पीड़ा और हृदय के असहनीय
कष्टों से बच जाता है।
तेरे लिए इन रातों को रोई हूँ
ज़िंदा नहीं, मर कर सोई हूँ
आँखों ने साथ न दिया बातों का
खूब हिसाब रखा तुमने इन रातों का
आदत लगाकर भूल जाओ, कह दिया
यूँ बेवजह आँखों को नम कर दिया
दिमाग और दिल की कशमकश में
दिल जीत गया, प्यार था पर ज़िद से तू जीत गया।

30. लौट आएगा वो, ये किसी ने कहा है क्या?

भाग रही है जो निहारिका उसके पीछे जाना सही है क्या?
लौट आएगा वो, ये किसी ने कहा है क्या?
सच्चा प्यार है तो प्यार करो, किसी का इंतज़ार नहीं।
मिल जाए कोई तो इकरार करो,
न मिले तो इसरार नहीं।

31. माफियों से दिल जुड़ते नहीं, साहब

मैं सोचती हूँ, कैसे अनीश ने निहारिका से रो-रोकर उसे माँगा था, पर फिर क्यों उसी ने उसे टुकड़ों में तोड़ जाना था। मैंने देखा है उसकी आँखों में एक चमक, जब वह मुझसे मिला था। मैंने देखा है, कैसे वह रोता था मुझसे बिछड़ने की बात सुनने के बाद। मैंने देखा है, कैसे वह मुझे पाने के लिए रोया था। क्या कोई लड़का सच में इतना रोता है? अगर ऐसा रोता है, तो क्या वह सच में प्यार में होता है? सच्चे प्यार की कोई परिभाषा नहीं होती। निहारिका के लिए वो आँखें, वो आँसू, वो वादे वही सच्चा प्यार था। अनीश के लिए छोड़ जाना और किसी और को अपनाना आसान था। पर हाँ, अभी भी कहता है कि उसे प्यार है। उसने माफी माँगी है तीन साल बाद...

कहूँ तो सब खत्म होने के बाद।

माफियों से दिल जुड़ते नहीं, साहब।

बस "माफ कर दो, गलत किया तुम्हारे साथ" कहने से वो ग़मों में गुज़रे दिल मिलते नहीं, साहब।

और इश्क़ की बात करते हो, तो सुनो–हम आज भी तुम्हारे आशिक़ हैं।

तुम्हारी तरह हमारा कोई दूसरा आशिक़ फिर से हुआ नहीं, साहब।

32. प्यार का मतलब सिर्फ़ मिलना नहीं, बिछड़ना भी होता है

तो बात ये समझ आती है कि प्यार का मतलब सिर्फ़
मिलना नहीं,
बिछड़ना भी होता है।
कभी-कभी दो वक्त के लिए मिलन ही काफ़ी होता है।
किसी की याद में, किसी के प्यार में
ज़िंदगी ग़मों में मत बिताना।
कोई पूछे प्यार का मतलब, तो बस उसका नाम बताना।
प्यार है अगर तुम्हें सच में,
तो उसे कभी बुरा मत बताना।
पर प्यार की होगी तौहीन,
अगर खुद को तड़पाओगे उसकी याद में।
जब उदास हो जाओगे,
इंसान प्यार करे तो इस तरह करे,
कि जब उसकी याद आए,
तो चेहरे पर एक प्यारी सी मुस्कान आ जाए।
ज़्यादा कुछ नहीं,
बस उसके साथ बीती वो शाम याद आ जाए।
अगर मिला है धोखा प्यार में,
तो ये याद रखना कि तुमने सच्चा इश्क़ किया था।

इस बात का सब्र रखना।
पर जब कोई वापस आना चाहे तुम्हारी ज़िंदगी में,
तो वो सबब याद रखना।
उसे खोकर,
खुद को पाना न भूलना।
आख़िर ये प्यार है क्या?
तुमसे मिलने का ये ख़्वाब है क्या?
दिल कहता है:
प्यार बिना कहे जज़्बात है,
जो हर पल साथ है।
दूरी से जिसको फ़र्क़ नहीं पड़ता,
दुनिया से जो एक पल नहीं डरता।
इश्क़ है, अनकही बातों की आवाज़,
और बिस्तर के बगल में पड़ी हुई चाय।

33. "छोड़ देना हार नहीं है; बल्कि यह बेहतर चीज़ों के लिए जगह बनाने का एक तरीका है।"

हम अक्सर सोचते हैं कि जिंदगी हमारी योजनाओं के मुताबिक चलेगी और आज की खुशियां हमेशा बनी रहेंगी। लेकिन जीवन भी एक सिक्के की तरह है, जिसके दो पहलू होते हैं। पहिया घूमता है, धरती घूमती है–सिर्फ आगे बढ़ने के लिए नहीं, बल्कि हमें नए दृष्टिकोण, नए मौसम और आखिरकार, विकास देने के लिए। तो फिर हम इंसान क्यों नहीं बदलते और आगे बढ़ते? हम क्यों उन चीज़ों को पकड़ कर रखते हैं जो अब हमारे काम की नहीं? असल में, हम नियंत्रण चाहते हैं। हम चाहते हैं कि जिंदगी वैसी ही रहे, जैसी हमने सोची थी। जब कुछ गलत हो जाता है - थोड़ा सा भी हम हर चीज़ पर सवाल उठाने लगते हैं: अपनी पसंद पर, अपने विश्वास पर, यहां तक कि भगवान पर भी। हम खुद को अलग-थलग कर लेते हैं, सोचते हैं कि इससे दर्द कम होगा, लेकिन हकीकत में, ऐसा करने से दर्द और गहरा हो जाता है। सच्चाई ये है:
"छोड़ देना हार नहीं है; बल्कि यह बेहतर चीज़ों के लिए

जगह बनाने का एक तरीका है।"

कई बार, ब्रह्मांड हमें हमारी सोच से भी ज्यादा देता है, अगर हम उस पर विश्वास करें। हम अक्सर कम में संतोष कर लेते हैं क्योंकि हमें डर होता है कि हम ज्यादा के लायक नहीं हैं। हम उस व्यक्ति, उस सपने, या उस विचार को पकड़ कर रखते हैं जिसने हमें चोट पहुंचाई, क्योंकि वह हमारे लिए जाना-पहचाना है। लेकिन जो जाना-पहचाना है, वह हमेशा सही नहीं होता।

खुद से पूछो:

क्यों उस व्यक्ति या चीज़ को पकड़े रहना जो तुम्हें धोखा दे चुका है?

क्यों न यह मान लिया जाए कि कुछ बेहतर तुम्हारे लिए इंतजार कर रहा है?

विकास वहीं से शुरू होता है, जहां तुम छोड़ने की हिम्मत करते हो।

जिस पल तुम उस चीज़ के लिए खुद को सज़ा देना बंद कर दोगे जो खो गई है, और उस चीज़ को अपनाना शुरू कर दोगे जो सामने है, वही असली आज़ादी है।

जिंदगी आगे बढ़ती है, और हमें भी बढ़ते रहना चाहिए।

याद रखो:

जो धरती घूमती है और मौसम बदलती है, वह ऐसा इसलिए करती है ताकि जीवन पनप सके।

तुम भी आगे बढ़ते रहो, और तुम्हें तुम्हारी खुशी जरूर मिलेगी।

34. टूटे दिल के खयाल टूटने का अहसास

तो कर लो किनारा खुद को उन विचारों से, उन वादों से,उन लोगों से जो अब आपके नहीं है, सच को अपना लेने के बाद देखो जिंदगी कितनी आसान हो गई है। हां टूटे हो अगर तो लिख तो टूटे दिल के खयाल टूटने का अहसास:

लो मान लिया हमने

तुम्हें इश्क़ नहीं हमसे

लो मान लिया हमने

हम याद नहीं तुम्हें

लो मान लिया जहाँ में तुम्हारे

बात नहीं हमारी

बस हमें ही थी ये इश्क़ की बीमारी

लो मान लिया हमने, तुम नहीं हमारे

हम तो धूल, तुम हो सितारे

हो गए तुम्हारे रास्ते से किनारे|

35. जिससे चाहा, वो साथ न रहा

नहीं रहा अगर कोई साथ तो याद करो उसे टूटे हुए लम्हों में

इश्क़ सच्चा था मेरा, पर साथ न रहा

चाहा हमेशा जिसे, वो पास न रहा

मेरी बातें, मेरी यादें, मेरा प्यार याद न रहा

ज़िंदा हूँ या मर गई, इसका अहसास न रहा

जिससे चाहा, वो साथ न रहा

ज़िन्दगी देखी, जिसके साथ, वो पास न रहा

36. तू ही अल्फाज, तू ही शेरो-शायरी का अंदाज

और हां उन सुनहरे लम्हों में
तेरे साथ रिश्ते का सिलसिला ऐसे चल रहा है
जैसे तू ही तू ही सुबह की पहली किरण, तू ही दिन की
धूप और तू ही रात की छांव
तू ही अल्फाज, तू ही शेरो-शायरी का अंदाज
तू ही इश्क, तू ही करार, तू ही नींदों को लेकर फरार
तुझे देखे बिना नहीं लाती आँखों को आराम ये रैना
सच कहो, हम तुम्हारे दिल में हैं ना?

37. मेरे हाथों में फिर से अपना हाथ दे दो

और लिख डालो अपने मन की बातें शायरियों में -
मुझे तुम वो लम्हात दे दो,
मेरे हाथों में फिर से अपना हाथ दे दो।
मेरी आँखों में बस तुम अपना ही ख्वाब दे दो,
तुम फिर से मुझे वो लम्हात दे दो।

38. देखकर दिल का भर जाना इतना खराब तो नहीं

मिलने से पहले, हजार सवाल होते हैं जहन में,
दिल सजाता है सपने, तुमसे बातें करने के।
तुम्हें सुनने, अपना हाल सुनाने को,
तुम्हारी बातों में खोए-खोए, दिल का हाल बताने को।
शिकायतें करने, तुमसे लड़ जाने को,
पर जब होते हो सामने, तो सब भूल जाता है।
सबर कर जाता है दिल,
सोचता है यूं खो जाना भी तो एक एहसास है।
बिन कुछ कहे, ये ख्याल भी ठीक है,
देखकर दिल का भर जाना इतना खराब तो नहीं।

39. इश्क़ में मशहूर

जब इश्क़ का सफर खत्म होता है,
तो ऐसा लगता है जैसे सब ठहर गया हो।
समझ नहीं आता कि क्या हुआ,
किसकी नज़र लगी इस रिश्ते को,
खासकर तब, जब सब अच्छा चल रहा होता है।
फिर अचानक ऐसा मोड़ आता है,
जहाँ बिछड़ने की नौबत आ जाती है।
दिल और दिमाग दोनों सवालों से भर जाते हैं,
पर जवाब कहीं नहीं मिलता।
तुम्हारे इश्क में कुछ यूँ हम मशहूर हो गए,
जाने नज़र लगे किसकी, हम तुमसे ही दूर हो गए।

40. दिल के जख्मों को नजरअंदाज करते हो

जख्म है जो बाहर, तुम उनकी फिक्र, उनकी बात करते हो
दिल के जख्मों को तुम मुँह फेर नजरअंदाज करते हो
कहते हो तुम बस हमें देखा करते हो, हमने देखा तुम
सबको जान-जान कहते हो
कहे कोई सुबह को शाम तो, शाम कहते हो
कह दे दे वो दिन को रात, तो रात रात कहते हो
यूँ धूप को भी तो बरशात कहते हो

41. इश्क़ वाकई कोई बातों का मोहताज नहीं, बस महसूस करने का हुनर चाहिए

माना, बोलते नहीं हैं हम कुछ, तुम्हें सामने पाकर,
पर आँखों ही आँखों में सवाल का जवाब सुन लेना भी तो
इश्क है।
तो जब हमें याद आता है
कैसे हम साथ होते हैं,
तो चुप रहते हैं हम,
उस लम्हे में जीना चाहते हैं,
मानो सवाल-जवाब सब
आँखों के इशारे-इशारे हो जाते हैं।
और उस पर ख्याल आता है...

इश्क़ वाकई कोई बातों का मोहताज नहीं,
बस महसूस करने का हुनर चाहिए।

42. वो वादा?

पैरों तले ज़मीन खिसक जाती है, जब खुद को यह मानना पड़ता है कि अब वो इंसान हमारा नहीं रहा। अब वो वो नहीं रहा जिस पर हक़ जताया जा सके, जिसे हर बात बिना सोचे-समझे बता दी जा सके। और वो वादा? वो वादा भी नहीं रहा जनम-जनम साथ निभाने का।

कमाल की बात ये है कि इश्क़ में वही बातें जो कभी शहद सी मीठी लगती थीं, बिछड़ने के बाद ज़हर सी कड़वी लगने लगती हैं। और तब, खासमखास रिश्ते में भी खामोशी ही एकमात्र रास्ता बचता है।

यूं ही किसी पर अधिकार जताए क्या!

जो है ही नही अपना उसे अपना बताए क्या!

जो साथ नही उसके साथ रिश्ते की सालगिरह मनाए क्या!

अभी तो निभाया नही साथ जिसने उसके साथ जनम जनम साथ निभाए क्या!

बोलते बहुत हैं हम इश्क में

कुछ खामोशी हमने भी बटोरी है आपके साथ रहकर चुप हो जाएं क्या!

43. हाय इश्क़! सुकून ही सुकून है इसमें

मंज़र डरावना होता है, पर इश्क़ में हो आप तो वो सफर भी
विरह की पीड़ा में आनंदमय हो जाता है।
हाय इश्क़! सुकून ही सुकून है इसमें, चाहे सब बिखर जाने
पर भी।
कि इन प्यार की गलियों से निकलें तो समझे...
हर खूबसूरत चीज़ के बाद का मंज़र बड़ा डरावना होता है।

44. सबको पाने की राह में

सबको पाने की राह में, मैं खुद को खोया हुआ पाती हूँ,
जिनके लिए जीती हूँ, एक-एक पल उनकी चाहत देख, मैं
बिखर जाती हूँ।

45. बारिशों में तेरा साथ माँगा था

बारिशों में तेरा साथ माँगा था, तुमने तो आँखों में बरसात दे दी,
कि हाथों में हाथ माँगा था, तुमने तो दो पल का साथ दे दिया।

46. देख लेना एक दिन खुद को तरस्ता हुआ पाओगे

देख लेना एक दिन खुद को तरस्ता हुआ पाओगे

था कुछ खास नहीं उसमें फिर ये भी खुद को समझोगे

था नहीं वो खूबसूरत फिर भी देखने को तरस जाओगे

देख लेना एक दिन खुद को तरस्ता हुआ पाओगे

रहा नहीं वो अब जाने कहां गया सोचोगे पर ढूंढ नहीं
पाओगे

था नहीं वो इतना खास..शायद याद भी न आए पर नाम
सुन पल भर के लिए सही पर रो जाओगे

देख लेना एक दिन साथ उसका नहीं पाओगे

मनता है चाहे खुद दुखी हो तब चाह कर भी उसे नहीं
मना पाओगे

देख लेना एक दिन रातों को जागते रह जाओगे उसके नाम
का एक खत भी नहीं पाओगे

देख लेना जागता है जैसे वो तुम भी एक दिन सो भी नहीं
पाओगे

एक दिन ना खुद की कहोगे ना उसकी सुन पाओगे

वक्त बहुत होगा पर वो नहीं तब खुद को अकेला पाओगे

47. इश्क सिखाओगे

मरे हुए को क्या मार पाओगे क्या अब इस ज़िंदा लाश से
लड़े पाओगे अब किस मुँह से तुम लौट कर आओगे
ज़िन्दगी क्या है, जानता नहीं जो उसे क्या इश्क
सिखाओगे

48. ऐसे कैसे तुम लौट कर आओगे, अपने अहम को कैसे मिटाओगे

हरे हुए को क्या हराओगे

मरे हुए को क्या लाश बनाओगे

मर कर उससे अब क्या जन्नत दिखाओगे

अब कैसे लौट आया उसका प्यार उसे बताओगे

कैसे प्यार करोगे, कैसे हक जताओगे

अब कैसे उसके पास लौट कर आओगे

कैसे उसके साथ सारी बातें कर पाओगे

चुप हो गया है वो, क्या तुम चुप रह पाओगे

अब किसे, कैसे अपने किस्से सुनाओगे

लाज़मी है उसकी जगह कोई नया ढूँढ लाओगे

हारा हुआ है वो, उसको कैसे हराओगे

उस जिंदगी पसंद इंसान को क्या जिंदगी दे पाओगे

ऐसे कैसे तुम लौट कर आओगे, अपने अहम को कैसे
मिटाओगे

49. वो राहें अब आती नहीं किसी के दिल तक

वो आँखें, जिनमें सपना था किसी का होने का
वो आँखें, जिनमें सपना था किसी में खोने का
वो राहें, जो जाती थीं किसी के दिल तक
वो बातें, जिनमें थी किसी की खुशबू
वो आँखें अब दिखती नहीं
वो राहें अब आती नहीं किसी के दिल तक

50. क्या सच में तू उस ओर खड़ा बन के मेरा सवेरा है

रुसवाई तेरी अच्छी है अगर तू मेरा है

पर इस रुसवाई में दिल मेरा अकेला है

नींदें ना आंखों को ना कोई सवेरा है

मै मेरा दिल जन्मों के लिए तेरा है

इस रिश्ते में फिर भी जाने क्यों इतना अंधेरा है

क्या सच में तू उस ओर खड़ा बन के मेरा सवेरा है

जाने क्यों इस सवाल ने मुझको घेरा है

51. जख्म दे के हजारों, तुम ठीक हो ये सवाल करते हो

जख्म है जो बाहर, उनकी बात करते हो
दिल के जख्मों को तुम नजरअंदाज करते हो
जख्म दे के हजारों, जख्म दे के हजारों, तुम ठीक हो ये
सवाल करते हो

52. इश्क़ ही क्या जो पूरा हो जाए

वो इश्क़ ही क्या जो पूरा हो जाए।

इश्क़ सच्चा था मेरा पर साथ ना रहा

चाहा हमेशा जिसे वो पास ना रहा

मेरी बाते मेरी यादें मेरा प्यार याद ना रहा

जिंदा हूं या मर गई इसका अहसास ना रहा

जिसे चाहा वो साथ ना रहा

जिंदगी देखी जिसके साथ वो पास ना रहा....

53. प्यार बिछड़ने के बाद भी

प्यार बिछड़ने के बाद भी खत्म नहीं होता,
वो तो बस एक एहसास बनकर दिल में रह जाता है।
हर धड़कन के साथ उसकी यादें चलती हैं,
हर मुस्कान में उसकी छवि बसती है।
बिछड़कर भी प्यार वहीं रहता है,
चुपचाप, गहराई में कहीं।
वो बातों में नहीं,
पर हर ख्याल में शामिल होता है।
क्योंकि सच्चा प्यार दूरियों से नहीं मरता,
वो तो बिछड़ने के बाद और भी अमर हो जाता है।
प्यार बिछड़ने के बाद भी:-
तुम्हारे इंतजार में ये साल भी गुज़र गया
हमारा दिल तुम्हारे पास ही रह गया
ना बातें हुईं, ना मुलाकातें हुईं
दिल तो तुम्हें ढूंढता ही रह गया
ये ना इधर गया, ना उधर गया
ये तो तुम्हारी बातें, तुम्हारी आँखें, उन आँखों में प्यार
ढूंढता रह गया

54. ये इश्क मेरा मुकम्मल न सही, पर बर्बाद न होगा

आने वाले कुछ सालों में तेरा मेरा साथ ना होगा

शायद तेरा ये हर वक्त का साथी तुम्हें याद न होगा

ना यार है, ना प्यार है और कोई भी इस चक्कर से बर्बाद न होगा

ज़िक्र न होगा, तेरी यादों में मेरा ये इश्क मेरा मुकम्मल न सही, पर बर्बाद न होगा

चाहे जो खुशी तेरे लिए, उस खुशी से तू अनजान न होगा

55. जी हाँ, बस यही तो होता है प्यार

जी हाँ, बस यही तो होता है प्यार,

प्यार किया नहीं जाता ये बस हो जाता है

इसे कुछ कहा नहीं जाता ये खुद ही सब कह जाता है

इसे याद किया नहीं जाता ये जिंदगी भर याद रह जाता है

सपना बुना नहीं जाता, बन जाता है

इसे संवारा नहीं जाता, ये संवरा जाता है

ये प्यार है शक्ल, सूरत, ऊच-नीच, अमीर-गरीब नहीं, ये

बस जज़्बात देखता है और इसे किया नहीं जाता, ये हो

जाता है

56. वो हमें, हमारा ख्वाब याद आ जाता है।

होता है न, एकदम से उस शख्स का ख्याल आ जाता है,
वो हमें, हमारा ख्वाब याद आ जाता है।
हां आज तेरी याद आ गई
वह अनकही वो अनसुनी सी चाह याद आ गई
हां आज दिल की किताब याद आ गई
तू जो गया यू छोड़कर
हां आज तेरे धोखे की बात याद आ गई
हां आज फिर तेरी याद आ गई
हां आज फिर तेरी बात याद आ गई

57. क्यूं.... सच बताओ नही बदले क्या आप

हां सब बदल गए

थोड़ा सा तू बदला गया

थोड़ी सी मैं बदल गई

और पूरे से बदल गए हमारे बीच के जज़्बात

हां सब बदल गए

क्यूं.... सच बताओ नही बदले क्या आप

क्यूं....सच बताओ नही बदला क्या आपका हमारे लिए
प्यार

थोड़ा सा तू गुम्मा

थोड़ी सी मैं गुम्मी

और साथ में गुम गया हमारा प्यार

विश्वास...थोड़ा तेरा डूबा

थोड़ा सा मेरा डूबा

और डूब गया हमारा प्यारा सा संसार

हां सब बदल गए

थोड़ा सा तू बदला

थोड़ी सी मैं बदली

और पूरे से बदल गए हमारे बीच के सवाल और ज़वाब

हां सब बदल गए

थोड़ा सा तू बदला

नेहा यादव

थोड़ी सी मैं बदली
और पूरे से बदल गए तेरे अंदाज ....

58. जज्बातों की सिहाई

आज वो डायरी याद आ गई

उसके पीछे लिखे जज्बातों की सिहाई याद आ गई

उस सिहाई से तेरे मेरे हाथों से उस डायरी की रंगाई याद
आ गई

उस रंगाई में छिपी कहानी याद आ गई

उस कहानी में छिपी जिंदगानी याद आ गई

उस जिंदगानी में छिपी तेरी मनमानी याद आ गई

उस मनमानी में छिपी रवानी याद आ गई

हां आज वो डायरी याद आ गई

उसके पीछे लिखे ख़वाब तेरे जुबानी याद आ गई

आज फिर तेरी मेरी वो जुदाई याद आ गई

हां आज तेरी वो बेवफाई याद आ गई

59. पहली बारिश

आज पहली बारिश के साथ उनकी याद आ गई

कहा था उन्होंने पहली बारिश है मौसम की और चंद लम्हे

रुके होते तो हमारी भी पहली बरसात होती

पर कोई बात नही अगली बारिश में साथ होंगे हम

बारीशे तो बोहोत बार आई

कितने बरसात निकल गए

भीगे नही वो हमारे साथ कभी उस बरसात मे जिसका

कभी वादा किया था

वो नही आए

पर बारिश के साथ उनकी याद जरूर आ गई

60. खामोशी की वजह

हर ग़म को हंसी में उड़ा देते हैं
कोई पूछे खामोशी की वजह,
तो बस मुस्कुरा लेते हैं।

61. कुछ तो बात होगी जो बिछड़ने की रात होगी।

करोड़ों की भीड़ में क्यों मिले थे उससे,
वो ही क्यों, जिस से आँखें टकराई,
कि आखिरकार कुछ फिर देख ही नहीं पाई।
कुछ तो बात होगी जो ये इश्क की बरसात होगी
कुछ तो बात होगी जो ये हसीं रात होगी
कुछ तो बात होगी जो ये मुलाकात होगी
कुछ तो बात होगी जो मिलने वाली कायनात होगी
कुछ तो बात होगी जो ये नसीबों से बात होगी
कुछ तो बात होगी जो साथ रहने की शाम होगी
कुछ तो बात होगी जो ये हसीं मुलाकात होगी
कुछ तो बात होगी जो जिंदगी साथ बिताने की बात होगी
अरे!!
कुछ तो बात होगी जो बिछड़ने की रात होगी।

62. हर घड़ी तेरी याद

ये जो हर पल हर घड़ी तेरी याद आती है
सच कहूं ये मुझे बड़ा रुलाती है
यह जो हर पल हर घड़ी तेरी बातें याद आती है
सच कहूं ये मुझे तन्हा होने का एहसास दिलाती है
ये जो हर पल हर हर घड़ी तेरी सुरत याद आती है
सच कहूं ये मुझे बड़ा तड़पाती है
ये जो हर पल हर घड़ी तेरी आंखें मुझे दिख जाती है
तेरी याद आती है सच कहूं ये मुझे बड़ा सताती है
ये जो हर पल हर घड़ी मुझे देखती तेरी आंखें याद आती
है
सच कहूं मेरी आंखें भर जाती है
आंखे भर जाती है
ये जो हर पल हर घड़ी तेरी याद आती है।

63. तुम चाँद हो, हमारी आँखों के...

हमने सोचा तुम चाँद हो, हमारी आँखों के...
आँखें मिली तो समझ आया, तुम्हारी आँखों में कोई और
बस्ता है।

64. जुदाई याद आ गई

आज वो नोटबुक याद आ गई
उसके पीछे लिखे जज़्बातों की सिहाई याद आ गई
उस सिहाई से तेरे मेरे हाथों से उस नोटबुक की रंगाई याद
आ गई
उस रंगाई में छिपी कहानी याद आ गई
उस कहानी में छिपी जिंदगानी याद आ गई
उस जिंदगानी में छिपी तेरी मनमानी याद आ गई
उस मनमानी में छिपी रवानी याद आ गई
हां आज वो नोटबुक याद आ गई
उसके पीछे लिखे ख़वाब तेरे जुबानी याद आ गई
आज फिर तेरी मेरी वो जुदाई याद आ गई
हां आज तेरी वो बेवफाई याद आ गई

65. तुम्हारा साथ ढूंढना है

इन अंधेरे में रोशनी का चिराग होना है
तुम पढ़ पाओगे जिसे खुद में वह किताब ढूंढना है
करते हैं प्यार हम कितना उसका हिसाब ढूंढना है
इन अंधेरे में जीवन का पैगाम ढूंढना है
मुझे तो बसफिर लिखोगे आप शायरियां उसके लिए भी।।

66. ए खुदा लिखा क्या है इन नसीबो में

ए खुदा लिखा क्या है इन नसीबो में
तलाश है जिसकी क्या है वह इन तकदीरों में
ए खुदा तू बता जिसकी तलाश है वह खास है क्या
तू समझा दे यह प्यास है क्या
उसको सोचे बिना गुजराती नहीं है रात है क्या।

67. रातों में बस चुपी को सुनता हूं

मैं काली-काली रातों में खोया खोया फिरता हूं
ढूंढने को वजूद अपना सुनसान सड़कों पर निकलता हूं
कौन अपना कौन पराया इन रातों से पूछता हूं
जवाब में मैं इन शांत सन्नाटे रातों में बस चुपी को सुनता
हूं
खड़ा होता फिर मैं गिरता हूं
वजूद ढूंढने को मैं इन रातों को निकलता हूं
है जो दिल में बस इन रातों से ही कहता हूं

68. आंखों में आंखें डाले बसर करते हैं

यू हाथों में हाथ डाले मिलो सफर करते हैं
एक दूजे की आंखों में आंखें डाले बसर करते हैं
मिलेंगे आज नहीं तो कल इसका भी सबर करते हैं
यू उसकी समझदार आंखों का जिक्र करते हैं
हमारी धड़कन में उसकी सांसों का फिक्र करते हैं

69. आपका वो सपनों वाला प्यार होगा।

लगता है आज कोई लौट आया है
अपने सारे गिले सिकवे जानें किसे
सौप आया है
इस रिश्ते में कोशिशों से एक नया दौर आया है
लगता है आज कोई लौट आया है

तो देखो जब वो शख्स लौटे ना तुम्हारे पास, तो मौका तब देना जब वजह कोई दूसरा ना हो बिछड़ने की। बाकी अगर गिले-शिकवे हैं, तो मिटा कर अपना लेना, पर अगर कारण है कोई तिसरा शख्स, तो उसे दहलेज से ही रास्ता दिखा देना। क्योंकि जो किसी के मिल जाने पर तुम्हें छोड़ जाते हैं और उससे बिछड़ जाने पर आते हैं, तो क्या सबूत है कि किसी और के मिलने पर फिर से तुम्हें छोड़ के नहीं जाएंगे। ऐसे लोगों की फितरत होती है धोखा देना। हाँ, आपका इश्क सच्चा है, ये मानती हूँ, पर प्यार में दीवाना होना अच्छा है, धोखा खाना नहीं। आप प्यार करते रहो, अगर भूल नहीं सकते, मिल जाएगा आपको उससे बेहतर, बस इंतजार तो करो। हाँ, माना मैंने आपको इस वक्त में वही इंसान चाहिए, पर आप उससे अच्छे इंसान के लायक हैं। आपकी किस्मत में है आपका वो साथी जो आपकी हर बात सुनेगा, आपके साथ अपना ख्वाब बनाएगा, वो जो

बिन बोले सब समझेगा, आपकी सुबह का गुलाब होगा,
आपका भी वो ख्वाब होगा। हाँ, वही आपका वो सपनों
वाला प्यार होगा।
फिर लिखोगे आप शायरियां उसके लिए भी:-

70. रब से तुम्हारी वफा मांगी है

रब से तुम्हारी वफा मांगी है

तुम लौट आओ यह दुआ मांगी है इश्क करते हो सच्चा

अगर उससे तो तुम्हारे आशिक की तुम्हारे लिए वफा मांगी

है

रहे वह जिंदगी भर साथ तुम्हारे ये दुआ मांगी है

है अगर भ्रम या झूठा एहसास तो लौट आओ मेरे पास

चलो मान लो यह भी की यह बददुआ मांगी है

71. मेरी बिखरी बिखरी जिंदगी को तुम सजने लगे हो

मेरी बिखरी बिखरी जिंदगी को तुम सजने लगे हो
हर रोज तुम मेरे सपनों में आने लगे हो
मेरी बिखरी बिखरी जुल्फों को सुलझाने लगे हो
कुछ यू प्यार जताने लगे हो
खोई खोई आंखें हैं जो उनमें ख्वाब नए सजने लगे हो
है कोई अपना ये भी बताने लगे हो

72. तुम्हें पाने की कशिश में हम सारी तमन्ना गवा बैठे हैं

तुम्हें पाने की कशिश में हम सारी तमन्ना गवा बैठे हैं
तुमसे बिछड़ने के गम में रोना था हम तो तुम्हें याद करके मुस्कुरा बैठे
दिख गए तुम जो यूं एक दिन सपने में हम तो अपने होश गवा बैठे।

73. उड़ जाओ अपने सपने, अपने ख्यालों के साथ

तो निकल जाओ उन कालों अंधेरी रातों से,और उड़ जाओ अपने सपने अपने ख्यालों के साथ, भुला दो यादें जो तड़पती है और याद करो उन बातों को जो तुम्हे हंसती है।बस यही जिंदगी है।

लौट आया है अगर वो, तो उसे वही लौटा दो, तुम पंचियों को
अपना दोस्त बना दो।

अगर मैं पंछी होता तो कितना अच्छा होता,
कि अगर मैं पंछी होता तो कितना अच्छा होता।
पंख फैलाकर इस आकाश में उड़ता जाता,
बादलों से बोलता और ऊँचाइयों को दोस्त बनाता।
इन बारिशों में भीगता, झूमता और गुनगुनाता,
अगर मैं पंछी होता तो कितना अच्छा होता।
छोड़ दुनियादारी की बातें,
इन पाबंदियों को तोड़ दूर-दूर तक दौड़ लगाता।
मैं पंछी होता तो कितना अच्छा होता।

अपने विचार साझा करें -
nehaydv0489@gmail.com
मुझे आपको सुन कर बहुत खुशी होगी।

www.ingramcontent.com/pod-product-compliance
Lightning Source LLC
Chambersburg PA
CBHW031452150726
47990CB00007B/2722